द्वंद... मन और संसार के

Arvind Singh chouhan

BookLeaf
Publishing

India | USA | UK

Presentation by *BookLeaf Publishing*

Web: www.bookleafpub.com

E-mail: info@bookleafpub.com

ISBN: 9789360944162

First edition 2024

मेरे माता-पिता, कुछ अनमोल दोस्त (जिनके नाम मैं आगे के सफ़र में कभी बताऊंगा, अभी उन्हें अनमुल्ले यार ही कहते हैं) और इस सफ़र के नाम...

PREFACE

बचपन में जब किसी सेलिब्रिटी को टीवी या किसी अखबार के पन्ने पर देखते तो सोचा करते थे की ये तो कितने फेमस होंगे, कम से कम भारत का तो हर एक इंसान इन्हें जानता होगा। धीरे-धीरे बड़े हुए तो एहसास हुआ कि नहीं, भारत जैसे बड़े और इतनी विविधता वाले देश में ये शायद संभव नहीं। मगर वो कहते हैं ना कि "उम्मीद पर ही तो दुनिया कायम है" बस इसी उम्मीद में, ये कुछ कविताएं या किस्से या जो भी आप इन्हें नाम दें, लिख दिए हैं और कोशिश है कि जितना दूर ये पहुंच सकें पहुंच जाएं सफ़र करते-करते।

वो "राहगीर भाई" की पंक्तियां है ना कि
"इसी दुनिया के किसी दूरस्थ कोने में, लोग हैं जिन्हें फ़र्क नहीं पड़ता मेरे होने न होने में, वहां जाना है मुझे, अपने वजूद की ख़बर देनी है"
बस उसी एक सफ़र की शुरुआत की है इन कुछ कविताओं से, कुछ मेरे लिए हैं, कुछ हमारी इस दुनिया के लिए...

•

सुनो,
जो कभी हुआ करते थे, उससे गुम तुम हो गए हो
ये तो मानते हो ना
सच सच बताना, याद तुम भी तो अब
खुद को करते हो ना
और जो करते हो याद खुद को तुम भी इतना
तो फिर से उसे आना तो चाहिए ना

सिर्फ गलतियों की हैं ये बात करते
खुशियों को हैं ये नज़र लगाते
इन्हें अब और क्या ही बोले हम
कि जो ये मुस्कुरा रहे हैं आज हमें यूं परेशान करके
हम तो महफिलें बना जाएंगे
कोई ग़ज़ल इन पर भी लिख करके

तूफ़ानों सी चलती इस ज़िंदगी में
संघर्षशील लौ सा खड़ा मैं
कभी तो संतुलित होगी ये भी
या आग सा जलूंगा मैं

अपनी तलाश में हम अपनो से कितना दूर आ गए,
जो पहुंच भी जाए अगर मंज़िल तक,
जश्न मनाने वालों को वही छोड़ आ गए।

•

वो दिन ही था कुछ ऐसा
मेरा मन भी था सुबह से कुछ सहमा सा
ना दिल लग रहा था खेल या पढ़ाई में
बस वक़्त निकल रहा था तुम्हारी यादों में
आखिर बात जो ना हुई थी हमारी कुछ दिनों से
दिल डरा जा रहा था ना जाने कैसे-कैसे खयालों से
तभी फोन आया तुम्हारा
और मैं अपने ख़यालो से निकला
आवाज़ तुम्हारी सुनते ही
चैन इस दिल को था मिला
सवाल तो बहुत थे मेरे मन में
कहां थी कैसी थी इतने दिनों में?
एक संदेसा ही भेज दिया होता कैसे भी
क्या याद ना आई तुम्हें मेरी इतनी सी भी?
मगर कुछ बोलता मैं ऐसा कुछ
तभी बोली तुम की बात करनी है कुछ
"नहीं कर सकते बात ये फोन पर
क्या मिलोगे आज शाम उसी रास्ते पर"
पहुंच गया उस दिन भी शाम को रोज़ की तरह समय से
पहले
मगर तुम खड़ी थी वहां इंतज़ार में मेरे
ये शायद था पहली बार या कहूं की आखिरी बार

वो रास्ता जिस पर हम आखिरी बार मिले थे

या यूं कह की बिछड़े थे

सोचकर आया था मैं की कह दू तुमसे

की अब बस जीना है साथ तुम्हारे

बहुत हो गया ये छुप-छुप कर मिलना

अब तो बस तुम्हारे साथ ही है रहना

मगर ना मैं कुछ बोला ना तुम

आंखे ही बाते करे शायद यही चाह रहे थे हम तुम

मगर अब ज्यादा चुप रहा ना जा सका

कुछ बोलता में उससे पहले दे डाला इस दिल को धक्का

ख़ैर नई कोई ये बात नहीं थी

समाज के आगे फिर मोहब्बत हारी थी

तुम्हें रोकने के लिए क्या ही मैं अब कहता

मिन्नातों के बाद भी ना रुकती तुम

ना चलती मेरे साथ कहीं दूर उन बंधनों को तोड़कर

मेरे अलावा ये भी तो कौन था समझ सकता

जवाब तो क्या देता मैं अब इसका तुम्हें

इसलिए बस देख रहा था आखिरी बार जी भरकर तुम्हें

और शायद तुम भी ऐसे ही देख रही थी मुझे

कांप रहे थे खड़े खड़े दोनों पता नहीं किससे

उस जाड़े कि ठंड से या आखिरी मुलाक़ात के डर से

अब रात भी अंधेरा लेकर आ चुकी थी

दुनिया के साथ हमारी ज़िंदगी में भी

तुम भी अब जाने लगी थी

रोकना चाहता तो था मगर रोक न सका

तुम पर अब हक जमाने की हिम्मत जुटा न सका

मगर रह जाती है कुछ यादें दिलों में हमेशा
ना चाहते हुए भी आकर करती है इस दिल को परेशां
शायद इसलिए आज इतने सालों बाद
इस समाज से कहीं दूर आने के बाद
मैं आता हूं यही जहां हम मिले थे आखिरी बार
या कहूं की बिछड़े थे पिछली बार
बस इसी उम्मीद में हर बार
कि तुम खड़ी हो वहां इंतज़ार में मेरे इस बार

मैं चाहता तो था तुम्हारे बालों में गजरा लगाना
मगर तुमने कभी समेटा ही नहीं इन लहराती ज़ुल्फ़ों को
ख़ैर... तुम्हारी मर्ज़ी
मैं चाहता तो था तुम्हारे हाथ से हाथ मिलाकर चलना
मगर तुम्हें मंज़ूर ही नहीं था यूं पैदल चलना
ख़ैर... तुम्हारी मर्ज़ी
मैं चाहता तो था कहीं दूर तुम्हारे साथ अपनी दुनिया बसाना
मगर तुम्हें इस चकाचौंध से कभी नहीं था निकलना
ख़ैर... तुम्हारी मर्ज़ी
अब जो तुम चाह रही हो मेरा वापस तुम्हारे पास आना
मगर पीछे नहीं हैं अब मुझे मुड़ना
ये... मेरी मर्ज़ी

•

कौन रोक रहा है तुम्हें उन सितारों को छूने से
ये जो तुम निहारते रहते हो इस अथाह समुद्र को
कौन रोक रहा है तुम्हें इस में गोते लगाने से
ये जो दुनिया की शिकायतें किया करते रहते हो
क्या सच में रोक ये सकते हैं तुम्हें आगे बढ़ने से

और जो कोसते हो तुम हमेशा इस किस्मत को
ज़रा बताओ, जो ठान लो तो जीता नहीं जा सकता इन
चंद लकीरों से
जो कर ले अगर कोई संकल्प तो क्या मुश्किल है एक
इंसान को
तुम्हीं तो समझाते फिरते हो ये सभी को, फिर क्यों हार
जाते हो खुद से

हां मानता हूं की तुम थक गए हो ज़रा सा
शायद मन तुम्हारा अब आराम को भी कर रहा हो
मगर थोड़ा सोचोगे तो पाओगे कि आराम ही तो कर रहे थे
अब तक
भला औरों को दोष कोई कर्म करते समय थोड़े ही देगा जो

अब जागो ज़रा इस गहरी नींद से

और देखो इस दुनिया से ऊपर खुले आसमां को
ज़रा आओ बाहर इस भ्रम लोक से
तो पाओगे की छू सकते हो तुम इन सभी सितारों को

लगा सकते हो बेलगाम गोते इन लहरों में
और फिर सिखाना सभी को
कि कौन रोक रहा है तुम्हें इन सितारों को छूने से
ये जो तुम निहारते रहते हो इस अथाह समुद्र को
आखिर कौन रोक रहा है तुम्हें इस में गोते लगाने से

मेरा अपना एक कोना
जैसे वहीं रह गया है अब मेरा जहां
चाहे हो कोई काली रात
या हो चाहे सवेरा सुनहरा
मुझे सुकून देता है कुछ तो बस
मेरा अपना एक कोना

ऐसे तो घर छोटा नहीं है हमारा
मगर फिर भी रहता हूं मैं लगभग वही हमेशा
पता नही क्यों इस बड़े घर में भी
भाता है मुझे छोटा सा वह कोना

चाहे हुई हो अनबन किसी से
या किसी को अच्छी खबर हो बताना
फोन करूं या मैं करूं किसी को मैसेज
बाते कराता है तो बस वह कोना

हालांकि अब बस कुछ ही दिन बचे हैं मेरे यहां
फिर शायद कभी न देखेगा मुझे यह कोना
पता नहीं कभी और कोई इससे इतना लगाव रखेगा भी
कि नहीं
या ये मुझे याद करेगा भी की नहीं
मगर याद रहेगा मुझे हमेशा यह कोना

माना कि नहीं ये राह आसान,
पर ऐसे तो न मिलेगा सम्मान।

कुछ ऐसा ये किस्सा है,
किसी कि डायरी का एक हिस्सा है,
उस रात वो दौड़ा उनके लिए,
जो थे अपने उसके लिए,
कुछ ऐसा उसने त्याग किया,
कि जब सुना वो किसी अपने ने,
बहुत अच्छा उसे था ताड़ दिया,
मगर फिर भी वो खुश था,
क्योंकि जिसके लिए उसने त्याग किया,
उसके लिए वो अपना था,
मगर भूल गए अगले ही दिन,
वो उसका त्याग,
जब नहीं कर पाया,
सहायता एक बार,
कोशिशें कि थी उसने कई,
मगर नहीं कर पाया वो मदद तब,
ना ही कर पा रहा हैं,
वो अपनी बेगुनाही साबित अब,
लग रहे हैं कई इल्ज़ामात उस पर,
कहा जा रहा हैं स्वार्थी उसको हर पल,
मगर आज भी नहीं बोलेगा वो अपने लिए,
क्योंकि पता है उसे,

क्या सही है रिश्तें बचाने के लिए,
हाँ बेशक़ उसमे भी है आत्मसम्मान,
मगर जनता है वो रिश्तों का मान,
मगर शायद उसका कुछ ना बोलना नहीं था सही,
अच्छाई का यहां सम्मान कोई करता नहीं,
कुछ ऐसा ये किस्सा है,
शायद हर किसी कि ज़िंदगी का ये हिस्सा है

ना हो प्रसन्न अभी से तू इतना
सफर अभी बहुत लंबा है
चला है केवल चार गज
और खुद को विजयी मान रहा है
माना की सफर शुरू करना भी अपने में एक विजय है
मगर भूल मत तू की सफर अभी बहुत लंबा है

ना बचाने आएंगे यहां श्री कृष्णा
ना ही रुकेगा सूर्य यहां तुम्हारे लिए कुछ देर ज़्यादा
है नहीं ये द्वापर ये तो कलयुग है ठहरा
है तू अगर पार्थ तो माधव भी तू ही है अपना

•

और कल जब ये तूफ़ान थम जाएगा
तुम कैसे इससे गुज़रे, ये तुम्हें शायद याद नहीं रहेगा
अब तूफ़ान थम गया या नहीं
तुम्हें ये भी समझ नहीं आएगा
मगर एक चीज़ है जो बिल्कुल होगी
कि जब तुम इससे निकल जाओगे
तब जो इस तूफ़ान में गया था
तुम वो बिल्कुल नहीं रहोगे

वो जो कहते है की वक्त नहीं पास हमारे
वो देखे एक मां को नौकरी के साथ घर संभाले

•

तो क्या हुआ जो तुम नहीं होंगे मेरी किताब के आख़िरी पन्ने पर तुम उन पसंदीदा पन्नों में हो जिनका कोना मैं हमेशा रखूंगा मोड़कर

कोई मौजूद है आज भी मेरे द्वारा सुने जाने वाले गीतों में
कोई मौजूद है मेरे द्वारा पढ़ी जाने वाली किताबों में
तो कोई मौजूद है होठ चबाते हुए
एकदम से याद आ जाने वाली उस डांट में

किसी की पसंद की आज मैं फिल्में देखता हूं
किसी के कहे पर मैं आज भी मंदिर जाता हूं
तो आज भी किसी की थोड़ी तारीफ़ से
मैं आज भी उस कलर के कपड़े ज़्यादा पहनता हूं

कहने को सभी जीते है अपनी तरह से
और आगे बढ़ चुके हैं अपने हर बीते समय से
मगर मौजूद है आज भी वो अपने हम में कहीं न कहीं
कोई आदत जैसे, कोई सबक जैसे, तो कोई बनकर एक
सुंदर कहानी जैसे

वो जो करते हैं बगावत अपनी पीढ़ियों से
वो जो चाहते हैं निकलना उन परंपराओं के खेल से
वो जो सुधारना चाहते हैं झूठे सम्मान के कुचक्र को
लड़ना पड़ता है उन्हें भी जीवन की अकल्पनीय
कठिनाइयों से

मगर जब तोड़ देते हैं वे इस चक्र को
तो आज़ाद करते वे न केवल स्वयं को
दे जाते हैं एक राह एक सुंदर भविष्य की
अपने बाद आने वाली कई पीढ़ियों को

.

वो जो बताते हैं सबसे ज़रूरी पैसे और ताक़त को
शायद थोड़ा ही सही मिल गया होगा प्रेम उनको
कभी पूछे तो जाने कि क्या होता है स्वयं में मृत हो जाना
जब खो देते हैं क्षण भर के प्रेम की उम्मीद तक को

•

ना मिला प्रेम जननी का
ना साथ पिता का
प्रशंसा तो खूब की स्वयं श्याम ने भी
मगर शायद पार्थ मोह में थे पड़ गए वो भी
फिर भी हिम्मत नहीं थी हारी उसने
प्रयत्न करता रहा अपनी वीरता दिखलाने को
इसलिए लिखे नहीं जाते काव्य जीते हुए पांडवों पर
और राज कर गया कर्ण हार कर भी जन के हृदयों पर
गर जन्म लिया है तो जियो कुछ कर्ण जैसा
हार कर भी जो जीते बनाओ खुद को कुछ ऐसा

पूछते हैं मुझे पढ़ने वाले आजकल मुझसे
बातें करते हो खूब अच्छाइयों की पूरे दिन भर
मगर लिखते हो कहानियां रात में भरी हुई छल और पीड़ा
से
कह देता हूं मैं भी बड़े प्रेम से
कि करते हैं बाते हम उसकी
जो चाहिए होना इस दुनियां में
और लिखते हैं उसको जो चल रहा है दुनिया में

अगर सबको मोहब्बत मिल जाए
तो शायर कौन होगा
मुकम्मल सबको इश्क़ हो जाए
तो एकतरफा आशिक़ कौन होगा
और हर कवि गर बन जाए गुल्ज़ार
तो नागार्जुन और निराला कौन होगा

•

कौन समझे पीड़ा उसकी,
वो बाप हैं, मां नहीं।

•

खुद ही कश्ती, खुद पतवार,
खुद ही लगाना है अब इसे पार।

सुनो... इतना तो है,
यहाँ कुछ न कुछ छूटना तो है

दीवाने बने भी किसी के, तो क्या बने,
गर दीवानगी खुद से भी तुम, निभा न सके।

अपनी नज़र में ही अब और कितना गिरें हम,
कि इस ज़माने के हिसाब से,
और कितना चलें हम।

कुछ अपनों से निकलकर दूर अब,

ढूंढने निकले हैं खुद का वजूद हम।

हाँ, कहेंगे ये सब बहुत बुरा-भला,

टोकेंगे हर मोड़ पर,

मगर राह से नहीं भटकेंगे हम।

मन कहेगा अब रुक जा, इतना स्वार्थी ना बन,

थोड़ा वक्त तो बिता ले अपनों के संग।

मगर अब नहीं रुकेंगे हम,

क्योंकि, ढूंढने निकले हैं खुद का वजूद हम।।

•

कब तलक भागेगा तू अपने कर्मों से
फल कहां पाएगा बबूल के बीजों से
क्यों देता है दोष अब उस ऊपरवाले को
ज़रा देख तो सही अपने किए कृत्यों को
चोला जो ओढ़े फिरता है तू धर्म यज्ञ का
उड़ जाएगा ये भी तूफ़ान जब आएगा कर्मफल का
कब तलक भागेगा तू अपने कर्मों से
फल कहां पाएगा बबूल के बीजों से

इसलिए भी कोशिशें करते मनाने की उनको
कि उनके तो चाहने वाले बहुत हैं
हमारे पास अपना कोई एक तो हो

एक रोज़ बुलावा आया हमें भी महफिल से
कुछ लिखते-लिखते ही उठे थे हम भी भरे मन से
जब पहुंचे तो दोस्तों ने बोला
सुनाओ ज़रा हाल अपने, कुछ नए कुछ पुराने
रुके हम थोड़ी देर और पढ़ा शेर भरी आंखों से
कि ज़ख्म वहीं पुराने, इतने की नासूर बन चुके
और शेर ये इतने नए, कि स्याही भी महके

•

मैं रखना नहीं चाहता उसे किसी भी तरीके से कैद कर
मगर मैं ये भी नहीं चाहता कि वो चला जाए कहीं और उड़कर

ज़रूरी नहीं, जो रुलाए वो बुरा ही हो,
शायद उसका भी, वक्त खराब हो।
रो रहा हो वो, तुमसे भी ज़्यादा,
मगर किसी को बताता ना हो।।

सोचा था,
बस कुछ ही वक्त की तो बात है,
इसमें भी क्यों लड़ना है।
मगर अब कुछ ये हालात हैं,
अपना स्वाभिमान भी तो हमें रखना है।

·

आज फिर एक सवाल, इस दिल में आया।
सबको मंज़िल से मिलाता हुआ, ये तू कहाँ चला
आया।।

सफर ये तेरा लंबा है,
अकेले इसे तुझे तय करना है,
अब छोड़ दे इन्हें यहीं तू,
कब तलक सबको मनाना है।

आज रात है तो क्या हुआ,
कल सवेरा फिर से होगा।
तू मेहनत कर ऐ बंदे,
ये ज़माना तेरा फिर से होगा।

•

लाख सितारों के बीच अकेला है चांद भी
अकेला है इस दुनियादारी की भीड़ मे तू भी
फिर क्यों सोचता है तू इन सितारों के बारे में
जो टूट जाते हैं हर रोज़ छोड़ अकेला चांद को
ग़र होना है इस जहां में रोशन तुझे भी

चल मेरे साथ तुझे दुनिया दिखाऊं
जो सोचे ना होंगे तूने वो किस्से सुनाऊं
यहाँ हर कोई किसी गम का मारा है
तू बोल पहले किसका बताऊं

देखेगा पहले रोटी के पीछे भागते गरीब को
या इंसानियत खोते उस अमीर को
अगर ये बहुत ज़्यादा लगे शुरू में
तो पहले देख सबके बीच फँसे मध्यम वर्गीय को

इंसाफ की अदालत में जीता अन्याय दिखाऊं
या ठोकरें खाते सच का रुदन सुनाऊं
यहां शनै-शनै खत्म होती संस्कृति भी है
तू कहे तो तुझे उसकी व्यथा सुनाऊं

देख किसी की हवस बनती उस बदनसीब को
और देख आत्महत्या करते एक निर्दोष को
जो ये भी कम लगे तो नज़र डाल उस खेत में
और देख किसी पेड़ पर लटकते उस किसान को

और जब ये सब देख लेगा तब दिखाऊँगा मैं तुझे
कुछ जाहिलों की वजह से जान देते उस जवान को
चल मेरे साथ तुझे दुनिया दिखाऊं
जो सोचे ना होंगे तूने वो किस्से सुनाऊं

.

वक़्त के साथ हमने जीना सीख लिया
दिल की बात को दिल में रखना सीख लिया
तो क्या हुआ जो ज़रा देर से समझे हम
आखिर हमने भी दुनियादारी निभाना सीख लिया

.

वो जो कह रहा था कुछ दिन पहले
कि साथ निभाऊंगा हर कदम पर
मौसम क्या बदला ज़रा सा
चल दिया यूं चुपचाप से किनारे पर

·

क्यों तू सोचता है केवल अपने बारे में
निकले हैं यहां सभी कहीं ना कहीं से
हां नहीं हैं सरल यूं छोड़ना
उन लड़कपन की यादों को क्षण भर में
परंतु याद रख बस तू एक बात
छोड़ने होते है घोंसले पंछियों को भी अपने
खुद से बेहतर होने के लिए

·

है वजह तू किसी के खुशी से जागने की
है वजह तू किसी के चैन से सोने की
यूं क्यों है फिर परेशां-परेशां
जब तू वजह है कईयों की मुस्कान की

हां है समझदार तू बहुत, मान लिया
पर क्या ठीक है हर बार कुर्बानी खुद की खुशियों की
ये जो इतना सोचना है तेरा दुनिया का
क्या ठीक है इसमें कुर्बानी तेरे ही रिश्तों की

फिर क्यों सोचे है तू इतना इन छोटी गलतियों को
क्यों काटे है तू यूं ज़िंदगी से अपनों को
जो खुश होंगे सिर्फ तेरे साथ से
क्यों दूर करे तू खुद से यूं उन्हीं को

है वजह तू किसी के खुशी से जागने की
है वजह तू किसी के चैन से सोने की
यूं क्यों है फिर परेशां-परेशां
जब तू वजह है कईयों की मुस्कान की

ये जो आदत है तेरी यूं सबसे अच्छे से मिलने की
यूं सभी से लगाव लगा लेने की
मत भूल की बनना तुझे मुसाफ़िर है
यूं सबके लिए ठहरना तेरा काम नहीं
ना चला है पहले कभी कोई साथ तेरे
ना चलेंगे आगे कोई इन नए राहगीरों में से भी
परेशान इन्हें भी तू कर जाएगा
दिल जो लगा लिया अगर तुझसे इन्होनें कहीं
फिर क्यों और नए इल्ज़ाम तू बुलाता है
पहले से है जो क्या कम नहीं
तो मान ले कि सुधार न सकता तू कुछ कहीं पर
क्योंकि मुसाफ़िर है तू, वासी किसी शहर का नहीं

•

फूल वो बहुत नाज़ुक सा है उसे न यूं टूटने दो
कहीं टूट गया गर अपनी शाख से
तो फिर शायद न कभी उसे खिला हुआ देख सको
ले चुके है कई भंवरे उससे ख़ुशबू ज़रूरत पड़ने पर
अब कुछ उसे खुद के लिए भी तो महकने दो
गर ना संभालो तुम उसे तो भी कोई गिला नहीं
मगर कुछ देर उसे खुद से संभलने तो दो
सह चुका है पहले ही बहुत आंधियाँ
अब तो कोई झोंका भी ना तुम उसे दो
फूल वो बहुत नाज़ुक सा है
उसे न यूं टूटने दो
उसे न यूं टूटने दो

एक सुबह जब तुम आओगे
उस गांव तो बदल चुका होगा सब ही कुछ
वो जिस पेड़ पर हम हर दिन झूमा करते थे
वहां अब बन चुके होंगे आलीशान मकान कुछ
जिन गलियों की मिट्टी खोदकर हम गिल्ली-डंडा
खेलते थे
वहां अब पक्की सड़कें कर रही होंगी तेरा इंतज़ार
और जिन दोस्तों के साथ हम दिनभर दौड़ा करते थे
वो भी अब तो निकल चुके है कहीं दूर शहर में बाहर
जिसकी तारीफें तुम किया करते हो
अब तो रहा ही नहीं वहां गांव जैसा कुछ
चाहे देखे जगहें या देखे लोग वहां के
अब तो बदल चुका है गांव में भी सब कुछ

लहरें कई आकर मिलती उस किनारे से

साथ हमेशा रहने के वादें करके

चली जाती है बड़े प्यार से

फिर मिलने का एक और वादा करके

मगर जब आएगी हर वो लहर मिलने अबकी बार

तो किनारा ना मिलेगा वहीं पहले जैसा फिर से

देंगी दोष फिर सब किनारे को

बदलने के लगेंगे इल्ज़ाम फिर से

मगर अब किनारे को हो गई आदत इन सब से

चाहे आए लहरें कई

मिलेगा ये हर बार ही और अलग सब से

कभी सुलझा तो कभी उलझा फिर से

मगर अब न करेगा इंतज़ार उन वादों का फिर से

उदारता का कोई मोल नहीं,
करुणा दर-दर भटक रही
भोग विलास में डूबे सभी,
कर रहे है हंसी ठिठोली
सामने जो आते भाव ये कभी
घृणा सी ले आते है मुँह पर सभी
अन्य लोक का करार ये देते इन्हें
भूल जाते हैं स्वयं भी थे कभी अभिलाषी जिनके
प्राप्त हो जाने पर महत्व किसी का रहता नहीं
फिर कहते हैं संसार में बचा अब प्रेम नहीं

जो है नहीं तेरा, उसे खो देने का डर कैसा,
छोड़ इस मोह को और बन जा फिर बैरागी जैसा।

•

इस ज़माने में इश्क़ का बस ये फ़लसफ़ा रहा
कि ज़माने से लड़ने कि बात पर महज़ वक़्त गुज़ारना
रहा

.

घूम आया दुनिया सारी
शहर अपना छूट गया
देख लिया समंदर दूर तक
तालाब पास का रह गया
दूसरों को अहमियत बता मेहनत की
तू खुद आलस से हार गया

ज़रा सी देर क्या हुई हमें महफ़िल में आने में
लग गए सब यहां, हमारी गलतियां गिनाने में
वक़्त अगर बुरा है तेरा तो सब्र कर बीत जाएगा
मगर संभले रहना इस दुनिया से
वक़्त नहीं लेती ये, मौका भुनाने में

वो ज़िंदगी कहां है
ख्वाब देखे थे जिसके बचपन में कभी
दिन वो अब कहां है
जो जीना चाहे थे हमने कभी

रातें अब दिखती ही नहीं वो
जिनमे सूकून हम ढूंढ़ते थे कभी
अब तो रातों में बस
याद आते है दुःख सारे

घूमने के देखे थे सपने जिन्होनें
मिलने को भी तरसते है अब यार सारे
शायद कहते है ज़िंदगी इसे ही
लम्हें नहीं छोड़े जाते कम्बख़त वक़्त के सहारे
काम नहीं छोड़े जाते कल के सहारे

क्यों रोता हैं अब उसपर जो है बीत गया
अरे अब होना था सो तो हो गया
मौका तेरा कोई और ले गया
तू खड़ा-खड़ा देखता रह गया
जब दौड़ना था तुझे दौड़ मै
तब तो था तू सो गया
और अब कहता है कि तू रह गया

•

राह ये कुछ मुश्किल सी नज़र है आती
बात ये कहने में भी हिचकिचाहट सी है होती
अब तो हौंसला भी रहा नहीं उतना मुझमें
ना ही इस पर अब और चलने की इच्छा है होती
हार मान लेना सीखा तो नहीं था कभी
मगर अब लगता है ये उतना बुरा भी नहीं
ये हार रहा हूं मैं या चल रहा हूं किसी गलत राह में
ये भी तो अब कोई बताता नहीं
रास्ता भी वापसी का ये आंखें अब कहीं देख नहीं
पाती
गर तुम्हें नज़र आए कुछ तो बताना ज़रूर
जानता हूं आसान नहीं है फिर से शून्य हो जाना
मगर शायद मुसाफ़िर को भी कभी
घर वापस जाने की ज़रूरत है पड़ती

क्यों तू डर रहा है इस छोटे-से संघर्ष से, जब यही तू
चाहता है
अरे, बात जब करता है पर्वत चढ़ने की, तो सुकून
क्यों तू मांगता है?

पथरीली राहों पर चलते जाना है,
मंज़िलें यूंही हासिल करते जाना है,
और व्यर्थ क्यों ही घबराना इन परिस्थितियों से
हमें तो बस शिव को गाते जाना है

गर पाना हैं तुझे कुछ ज़िंदगी से,
निकलना होगा इन जज़्बातों के खेल से।

•

कभी करता था मैं ग़ुरूर, जिन्हें अपना कहकर,
खड़े हैं आज मेरे सामने, मुझे झूठा कहकर।

•

ये वक़्त भी होगा तेरा, ये जहाँ भी होगा तेरा ।
पर सब से पहले, तू खुद तो हो तेरा ।।

•

बेवजह सी है तेरी ये कोशिशें सारी,
पाने मे दूसरों का ध्यान,
क्या निकाल देगा यूँही ज़िंदगी सारी।

तड़पना पड़ता है, सारे ऐश-ओ-आराम भूलकर,
कामयाबी यूँही नहीं मिलती जनाब, घर में बैठकर।

•

महफ़िल-महफ़िल तन्हाई छाई है, ऐसा लगता है
सारी दुनिया मोहब्बत में धोखा खाई है।

चलो ऐसा करते हैं
इस बिखरी दुनियाँ को फिर से संवारते हैं
किया है जो नुकसान प्रकृति का
उसकी भरपाई करते हैं
बहुत हो गया भविष्य-भविष्य
कुछ अतीत को भी
फिर ज़िंदा करते हैं
चलो ऐसा करते हैं
इस बिखरी दुनियाँ को फिर से सुधारते हैं

जी भरके जी ले ये ज़िंदगी,
क्या पता कल कैसे दिन आएंगे।
सुख-दुःख तो चलते रहते हैं,
कई लोग आएंगे, कई लोग जाएंगे,
मगर सबसे खास जो थे पल ये,
आखिर यही पल तो याद आएंगे।।

तन्हा सफ़र ये यूहीं कट रहा है,
हर एक पल तू खुद से हट रहा है,
ये किस मायाजाल में है तू दुनिया के,
जो नहीं है तेरा तू उसी में सिमट रहा है।

•

ये परीक्षा की घड़ी है, मुश्किलें तेरे दर पर खड़ी हैं,
लेकिन कौन समझाए तुझे, तुझे तो अब भी बाकी
सबकी पड़ी है।

.

रिश्तों के कारोबार में सब ठगी कर जाते हैं
विश्वास के पर्दे में कई दफ़ा छल दे जाते हैं

उठ खड़ा हो और अपना कर्म कर

जो कुछ ना मिल रहा हो रास्ता तो चिंतन कर

यूं व्यर्थ पछतावे से क्या होगा

जो हो चुका उसका त्याग कर

तू बढ़ आगे अपनी मंज़िल की ओर

अपने लक्ष्य की ओर कूच कर

जो छूट गया कोई साथी

उसका विचार ना कर

सब अपने किए का भोगेंगे

तू सबकी चिंता ना कर

आज हर एक चीज़ पर शक सा वो कर रहा था
जो उसका था उसे भी गैर वो समझ रहा था
थी रात ही कुछ ऐसी या असर था ये दिन का
मगर आज फिर से खुद को बेहद बेबस सा वो पा रहा
था
ऐसा नहीं कि कोशिशें नहीं की उसने
इन बे-तर्क की बातों से निकलने की
मगर ना चाहते हुए भी
वो बार-बार ही ये सोच रहा था
ना जाने क्यों खुद का ही
बैरी फिर से वो बन रहा था
नई भी ये कोई बात नहीं थी
वक़्त ऐसा कई दफ़ा वो गुज़ार चुका था
मगर हर चुनौतियों से डटकर लड़ने वाला
हर बार ही इस एक ख़्याल से हार रहा था
हां एक पाठ वो सीख चुका था
कि अब लड़ना होगा खुद ही इससे
साथी कोई ना इस लड़ाई में काम आएगा
मगर फिर भी वक़्त-वक़्त पर साथी नई खोज कर
खुद को ही कमज़ोर वो कर रहा था

पता नहीं ऐसा बार-बार क्यों हो रहा था
इतने अपनों के पास होने पर भी
अकेला फिर से खुद को वो पा रहा था
थी रात ही कुछ ऐसी या असर था ये दिन का
मगर आज फिर से खुद को बेहद बेबस सा वो पा रहा
था

राह चुन ली तो अब बस चलता चल
राग बेफ़िक्री का तू गुनगुनाता चल
मंज़िल मिले ना मिले, हाथ में तेरे नहीं
मगर रास्तें ख़ूबसूरत तू बनाता चल